AF345448

LACURA

Bibiana Monje

Adaptación literaria del texto teatral LACURA.

Premios Réplica 2017: Mejor actriz, mejor espectáculo y del público.

Primera edición: septiembre 2017
Tercera reimpresión: septiembre 2018 con la ayuda de la Fundación SGAE para la publicación de libros 2017

Depósito legal: AL 2491-2017
ISBN: 978-84-9183-240-9

Actriz
Bibiana Monje

Co – director
Enrique Pardo

Ayudante de dirección
Daniel Gallardo

**Ayudante artístico y
diseño de vestuario**
Marta Belmonte

Diseño audiovisual
Eduardo López

Prólogo

Alquimia teatral

La enfermedad de la familia

La enfermedad de la educación

La enfermedad de la desconfianza

La cura

Prólogo

Bibiana Monje no necesita un prólogo, necesita escenarios y un patio de butacas lleno de caca.

Esto no es una obra de teatro, es una mujer vomitando.

Es un guantazo en la cara. Una niña que grita porque nadie escucha a una niña. Un patio de colegio donde la que se escapa es Bibiana.

Es un torrente de elocuencia capaz de revolver a cualquiera.

Es una obra que debía ser escrita.

Bibiana Monje, porque se atreve a señalar con el dedo empezando por meterse el dedo en el ojo a sí misma.

Bibiana, porque no tiene miedo a llamar al miedo por su nombre, al amor por cualquiera.

Lacura, por el coraje de matar en un escenario a una madre y a un padre.

Por el milagro de los espejos. Porque no soplamos ese día la tarta.

Porque nos hizo daño la vida y supimos cabalgarla, y nos hicimos más altas y nos subimos a un escenario a contarla.

Bibiana Monje, porque pasa de Julietas y de encarnar a las otras. Porque entre todas las vidas, elige la suya. La mía. La nuestra.

Esto no es una obra de teatro, es una cascada, una boca llena de ganas.

Una mujer en la frente, una serpiente enrollada, un plato crudo que se ofrece en bandeja.

Lacura por todos, porque al *curarse* ella, nos cura en manada.

Lacura porque hace falta.

Y este prólogo para que al abrir la puerta te caigas de boca.

Dejen pasar, que empieza.

Elena Alonso. Viajamor
www.viajamor.wordpress.com
@viajamor.elenaalonso

Alquimia teatral

El cuento de su propia enfermedad

¿Me ven? ¿Pueden verme todos? ¿Puede alguien sentir mi presencia?

Pues no existo. Al menos en la forma en la que ustedes me perciben.

Digamos que mi personaje es una especie de holograma condesado a un nivel de frecuencia lo suficientemente elevado como para convertirme en materia.

¿Alguna duda hasta aquí?

Yo soy la proyección ideal de la actriz que han venido a ver.

Yo ya lo he conseguido todo. Todo lo que la actriz se ha propuesto en la vida, quiero decir.

Soy ella en su máximo potencial.

Yo he aprendido a perdonar. He aprendido a amar a los hombres. A correrme sin tocarme.

He conseguido el reconocimiento.
He desprogramado el juicio de mi
sistema mental.

Puedo estar descalza y no ponerme
mala, comer sin engordar.

Yo ya no necesito atacar cuando
alguien me ataca.

Porque he soltado todos mis deseos,
expectativas y pretensiones para con
la vida, porque confío en ella tanto
(en la vida), que si me llegase ahora
mismo la muerte me entregaría
como la mejor amante.

Sin embargo no seré yo quien les
cuente esta historia, pues desde aquí
no hay mucho que decir.

Yo les invitaría directamente a hacer
el amor. Yo he venido a bendecir
esta alquimia teatral.

Será la actriz quien les cuente *el
cuento de su propia enfermedad*
al vivir en un mundo que no ha
inventado ella.

Preparando carpetas de programas.

Please wait.

Capitalismo, monogamia, patriotismo,
religión y personalidad.

Please wait.

Instalando complejos, miedos y fobias.

Error. Error.

La carpeta "darse cuenta" no se encuentra
entre los archivos.

Please wait.

El programa "falta de autoestima" ha sido
instalado correctamente.

Please wait.

Las carpetas "instinto y espontaneidad"
han sido borradas con éxito.
Vaciando carpeta para llenarla de dudas.

Proceso actualizado.

¡Hola!
Soy hija única, pero no se nota.
Mis padres querían un niño:

Hello! It´s me.

Nací en Tenerife hace 33 años, 15 horas después de asomar la cabeza.

52 cm y medio. 3 kilos 430 gr.

Me sacó al mundo el Dr. Carnicero. 1er parto.

6 horas estuvo mi madre empujando hasta que yo escuché la palabra *cesárea*.

En ese momento me escurrí *in e factum*.

No lloré.

Salí con los ojos abiertos y los puños cerrados.

Las primeras palabras de mis padres:

"¡Oh! Se parece a E.T"

No aprendí a caminar, me solté un día de los brazos de mi abuela y me eché a correr directamente detrás de la perra.

A los 7 tuve mi primera relación sexual, Nelson, el nieto del medianero. Me enseñó su cuca y nos hicimos novios.

A los 8 nos casó mi mejor amiga en una comida familiar, y a los 9 no le volví a ver porque el viejo se mudó al pueblo de la Matanza.

Mi madre me crió como un niño, o eso dice ella, no quería que sufriera por el simple hecho de ser mujer.

Aún hoy en día no la entiendo.

Cuando alguien se toma la libertad de decirme cómo debo vivir mi vida sin haberle pedido el consejo me sale algo así como:

*"con las manos de pescado
no te rasques el conejo"*

En castellano vendría a ser un:

"cómeme el coño"

*Cómmeme–comm meme– combebe–
convive– convive coño– bibi– convive–
convive con tu coño– bibi–¡coño!–
bibi––¡beban!–¡vivan coño!– bebe–
¿bebe?– Bebe tuvo una movida con la
prensa una vez– la prensa– priensa– la
prensa prensa– ¿priensas tú que la prensa
piensa?– piensa– ¿piensa?*

…

*Bien saben ustedes que la prensa en
este país no existe, son los Reyes.*

Me sangra la vagina cada 28 días (con suerte) y es algo que aún no he superado. En los días previos se apoderan de mí las energías atávicas de los últimos 30 siglos de represión psicogenética femenina no liberadas; convirtiéndose en una especie de cóctel molotov capaz de hacerme pasar por unos 234 estados de ánimo en menos de 24 horas, y desembocando en una regresión hormo-neuronal del estado embrionario o fetal. Es decir en un bebé de 3 años:

¡mámá!

En esos días la apertura sensorial es mucho más elevada, y por consiguiente, la recepción de frecuencias Ka-Ká que habitan en el ambiente son irreversibles. Entran directamente en mi glándula pineal, reactivando mi zona neuro–conspiratoria y dejándome absolutamente huérfana de paciencia:

¡Hasta los cojones!

…

*¿Tú no sabes que si le dejas la tapa
abierta al champú, le entra agua al
champú!?*

…

*Jooo, ¡tengo las tetas como una
burra! ¿Por qué no haces tú hoy la
comidita?*

…

*¿Un calabacín? ¿Compraste sólo un
puto calabacín?*

…

*¡Mira! ¿Lo del vaso votado en
el salón es para que críe patas y
aprenda a caminar pa 'la cocina?*

…

*¿Que me quieres?
¿Qué coño quieres decir con eso?*

¡Soy una hija de puta!

(Independientemente de mi regla)

Es verdad que no soy todo lo hija de
puta que podría llegar a ser, pero a
veces soy más hija de puta de lo que
me gustaría.

Si supiéramos el efecto que causan las primeras palabras y caricias que recibe un bebé durante sus primeros meses de vida no habría altar más sagrado que el de la bienvenida al mundo.

...a las mujeres

I'm so sorry girls

Antes de empezar con este cuento me gustaría pedirle perdón a todas las mujeres.

En primer lugar a las de mi vida:

Miriam,
perdona por reírme de ti cuando teníamos 10 años. No entendí ese gusto tuyo por las uñas pintadas, el maquillaje y los zapatitos abiertos.

María,
perdón por reírme de tus tetas. ¡Supongo que eran mis ganas de tocarlas!

Perdonen chicas de 8°C,
por llamarlas conejas cuando venían los chicos a buscarlas a la puerta del colegio, y por creer que las que jugábamos al futbol éramos mejores que las de las casas de muñecas.

Perdonen,
por todo lo que les dije y no pensaba
y por todo lo que pensaba y nunca
les dije.

Llevo a una mujer dentro de mí que
aúlla como una loba por soltarla,
pidiéndome jugar a las mujeres.

Eché sobre mí un hechizo
inconsciente con mi risa y con mis
burlas.

Perdón,
por haberme creído que somos
todas unas putas si hacemos lo que
nos sale del coño.

Por confesarle al cura mi primer
beso con una mujer y excomulgar
de mi corazón a los hombres.

Boys*,*

¡Yo quiero que vengan a buscarme
a la puerta del colegio!
y que follemos todos juntos bajo la
luna en pelotas
¡Aúuuuuuuuuuu!

Perdonen,
mujeres del mundo
por haber creído que existe
una forma correcta de ser mujer.

La enfermedad de la familia

*"Los padres no existen,
somos todos hijos"*
Iván Rohe

Abuela:
¡¡Apaga eso chica!!

Bibi:
¡Voooy!
¡Estaba mirando a ver si salía lo de
mi madre!

Abuela:
¡Agggr! ¡Ahí no sale nada!
¡Mira a ver qué vas a comer!
¡Venga que tengo un montón
de cosas que hacer y luego va a
venir tu madre y quiero que me
lleve a comprar unos mangos en el
Monterrey!
¡Aggg coño!
Tengo que dejar unas judías en
remojo que viene tu tío mañana
almorzar.
¡Ay la pastilla!
¿Tú viste si me tomé la pastilla?

Bibi:
No sé.

Abuela:
¿¡Que qué vas a comer!?

Bibi:
¡No sé! ¿Qué hay?

Abuela:
¿Quieres que te haga unas arepas
con carne mechada y un fisquito de
queso amarillo?
¿Y un huevo frito?
¡Ay mira, queda arroz!
¡Y pan de hoy pa' que mojes!

Bibi:
¡Ñós, eso es mucho!

Abuela:
¿Qué va a ser eso mucho?
¡Te lo comes y te callas!

Bibi:
¡Chós!

Abuela:
¡Ni 'chós' ni nada!
¡Y de postre unas natillas que
me sobraron ayer que están
buenísimas!

Les presento a mi abuela Coca, una mujer que tuvo 63 años durante toda su vida.

Según ella se estaba muriendo desde los 17 pero se quedó con las ganas hasta los 78.

1'76 de estatura, 110x140x118, es decir, 109 kilos de peso.

Ella es la madre de todos: la madre de mi madre, de mi tía, mi madre, la tuya…

Hipocondríaca, supersticiosa, maniática, mentirosa, buena gente, manipuladora, obsesiva, hija de puta, maravillosa.

Relatos familiares desvelaron tras su muerte la curiosa posibilidad de haber padecido cierta esquizofrenia.

Pues al parecer en su adolescencia, allá por los años 40 y con la llegada de su primera menstruación, su comportamiento, podría decirse, que era digno de las pieles rojas del desierto en sus ritos de adoración a la luna.

Para mayor cordura, mi madre en sus intentos de calmarme al saber la noticia, me confesó que todas nosotras proveníamos de un árbol genealógico de brujas. Sí, de las de escoba.

Y que estos comportamientos esquizo-medievales, no eran más que el fruto del tabú y el profundo miedo a descubrir los instintos y poderes sobrenaturales para con otras dimensiones.

Y que lo sabía porque a ella misma le había pasado también durante toda su vida.

¿Alguna duda hasta aquí?

Pues bien, un dato sin apenas importancia para comprender algunas partes de este cuento es que mis primeros 8 años de vida los pasé durmiendo abrazada a la barriga de esta señora semi-medieval.

Es decir, que mis padres, por lo que fuera, en el momento en el que yo nací decidieron que la mejor opción de todas las que había era dejarme en casa de mi abuela para que ella me criara.

¡Tócate los huevos!
Pero bueno, ese es otro cuento.

Doña Coca tenía un carácter, una energía, ¡una mala hostia!, que ella sola podía tumbar a todo un equipo de rugby con la guantada de una sola mano.

Porque había que verle las manos a mi abuela. Los dedos eran como morcillas de Extremadura y cada brazo podía pesarle entre unos 7 y 8 kilos.

Aquella mujer tenía una potencia vocal, unos resonadores, que estando yo a 3 cuadras de la calle jugando, desde un 3er piso podía gritar:

*"¡¡demoooniooo subeee
pa'rribaaaaa!!"*

Y conseguía crear la frecuencia de sonido exacta para que todas las madres del vecindario asomaran la cabeza por la ventana y la ayudaran a llevarme pá su casa:

*"¡¡Bibiaaanaaa sube que tu abuela te
mata!!"*

"¡¡Esos gritos coño!!"

Y yo, como siempre, contestaba:

"¡¡Chacha que ya voooooy!!"

A lo que mi abuela respondía:

"Sube…¡¡¡ o llamoo a tu maaadre!!"

Ésta era el arma de dominación de Doña Coca, porque aunque mi madre fuera la versión actualizada de las Brujas de Blair, ella sí que llegaba al 1,80.

Abuela:
¡¡Bibi a comer!!
¡Ay, tengo las piernas que no me
lo cree nadie!
¡Venga, siéntate y come!
Me quedó buenísimo.
No. Yo ya comí.
No estés mirando nada chica que
eso es del bubango.
¡¡Eso es de la hebras del bubango!!
Pues se le habrá pegado, ¿no llevo
todo el día cocinando?
¡¡Agggg señor!!
¡No les importo nada! ¡Cuando me
muera me entierran!

(pedo)

¡¿Y qué quieres?!
¿No te digo que tengo el estómago
fatal? Me voy a joder una tripa
ahora…
¡Venga cómete la otra arepa!
¡Y la natilla!
¡O llamo a tu madreeee!

Llámenme intuitiva pero para mí que lo del vínculo emocional con la comida empezó en esta época.

En esta casa se comía por no meter hostias.

Entre que mi abuela pasó hambre cuando la guerra, antes de irse a Venezuela, y que el remedio para todo en esta casa era tragar…

¿Qué había un problema? Vamos a comer. ¿Estabas triste? No te gustó la comida. ¿Estabas enferma? Eso es de no comer. ¿Que tienes miedo? Tómate una tila y mójate unas galletitas.

Entre eso y la automedicación preventiva…

Sí, mi abuela me daba un Termalgín todas las mañanas por si acaso.

Y no se te ocurriera no tomártelo, o no se te ocurriera no comer porque:

Abuela:

¡¡Te lo juro por Dios que estoy
hasta los cojon… ¡! Ay Ay, parece
que me está dando una cosita aquí.

¡Bibi llama a Mary!
¡A Mary la vecina coño!

Ay Mary, toda la vida luchando
para esto.
Sí, dame un fisquito de agua a ver
si se me quita.

Mary, ¿tú me haces el favor de
llamar a la madre de esta chica pá
que la lleve al médico que no me
está comiendo nada?
¡¿Qué comiste?! Un fisco arepa te
comiste.

Buenísimas me quedaron Mary,
les puse un queso que me trajo
Isabelita de la Gomera…

¡Mentira!
¡Esta mañana ni te desayunaste!
¿Qué pachanga ni qué pachanga?
¡Mierda es lo que comes na’ más!
Me tiene hasta los re-cojones
Mary, ¡¡hasta los re-cojones!!

Mary:
¡Bibi no hagas mortificar a tu abuela,
cómete la otra arepita!

Mi abuela fue una gran actriz. No pisó nunca el escenario pero este numerito lo daba cada 2 días, tanto en horario matinal como en hora golfa, e incluso a veces hacia doblete.
Si sonaba esto:

¡Ta tata chán ta cháaan!

Significaba que mi abuela había conseguido engañar a mi madre lo suficiente como para que se dirigiese veloz por la autopista con una tropa de ángeles y demonios pegados al cogote gritándole:

"¡La mato, yo a mi madre la mato!",
" Dolores tranquiiiila"

Y ya podía estar mi madre en pleno horario laboral o reunida en la otra punta de la isla, eso daba igual, porque a mi abuela se la re-pam-plin-fla-ba. Si ella quería algo sus hijas tenían que dárselo, porque para eso las había parido, ¡y punto!
Y si a mi abuela se le había antojado ese día que yo me comiera la otra puta arepa, ya podía bajar Zeus a impedirlo que yo me tragaba la arepita con tal de que mi abuela se quedara *calm down.*

Claro, en esas circunstancias, mi madre no se convirtió precisamente para mí en un modelo de amor y cuidado. Para que ustedes me entiendan, a mí no me asustaban con:

"cuidado que viene el cocoooo",

A mí me decían:

"cuidaaaado que viene tu maaaadre"

Así es que más que hija, yo me sentí siempre como una especie de Teniente O'Neill frente a ella.

Pobrecitas mías. Mi madre y mi tía digo. Mi tía era mi 3ª madre, la que vivía con mi abuela y conmigo.

¿Mi padre? ¿Alguien preguntó por mi padre?

"Bien. Mi padre bien. Trabajando. Sí, los fines de semana viene. Exacto, el único hombre de mi vida."

¿Saben? Para amar de verdad a mi familia tuve que aprender a odiarla. Al fin y al cabo es la primera secta con la que una se encuentra al llegar a este mundo. Y no se puede cortar un cordón umbilical sin cierta dosis de violencia.

Mamá. Papá.

*"No saben cuánto amor y dolor
siento al despedirme.*

Gracias.

*Son, y serán siempre, las personas
más importantes de mi vida.*

Gracias.

*Por cada cosa que me dieron y no
me dieron. Por dejarme nacer a
este mundo.*

Gracias.

*Por vivir para siempre dentro de
mí.*

*No sabía que se pudiera sentir
tanto amor."*

Duró bastante tiempo la bajada a los infiernos. Más de lo que me hubiera imaginado. Y no fue nada fácil salir de allí.

Sin embargo, bendigo cada escalón y cada paso que dí,porque cuanto más abajo caía más arriba llegaba.

Hace relativamente poco publiqué en mi facebook una foto de familia (Navidad 2013) en casa de mi otra abuela.

En ella decía que mi imagen elevando el dedo índice detrás de mis parientes era la metáfora explícita de mi ubicación en el mundo y que en mí habían colisionado todas las expectativas de mis dos grandes árboles genealógicos.

La familia de mi padre lleva desde 1750 dedicada a la elaboración vinos.

Bodegas Monje es una de las empresas vitivinícolas más innovadoras e hiperactivas de España. Exportan sus caldos a Nueva York, Alemania e incluso vinagres al Japón.

La bodega lleva 5 generaciones.

Yo era la 6ª.

Por otro lado, como ya he dicho antes, la familia de mi madre viene de un legado enorme de brujas encubierto. Todas ellas grandísimas cocineras.

Dolores García es una de las pocas especialistas en papas, aceites y sales, y su cocina es muy reconocida en el mundo de la gastronomía canaria.

En la foto también escribí que no había sido un plan mío, al menos conscientemente, eso de la colisión genealógica, y añadí un *disculpen las molestias*, refiriéndome a todo el árbol familiar.

Un día, mientras me tomaba un chocolate con galletas de espelta biológica, harta de escupir y defenderme de los reproches de sangre, me llegó cual rayo la siguiente información a la cabeza:

"¡Por supuesto que no había sido
un plan mío!
Todo esto se había dado de forma
natural. No era fruto de una
rebeldía adolescente.
¡¡Había sido un plan de ellos!!
De ambas familias. Generación tras
generación repitiendo patrones
con las raíces podridas. ¡Ellos me
crearon! El propio árbol trazó un
plan para liberarse a sí mismo a
través de mí".

Claro, ¡me atraganté con la galleta!

Porque de pronto, lo que hasta ahora había sido un problema, se había convertido en un milagro.

¡Pero no lo sabíamos!
¡El plan se había
tejido inconscientemente!

Por eso nos enfadábamos todo el
rato y seguíamos reaccionando a
lo que se supone que una tiene
que reaccionar en este sistema de
realidad establecido.

Y para muestra un botón.

¿Quieren que les diga la coña más
grande de todas?

La madre de mi padre se llama Veva.
Por un lado bodegas, por el otro
cocinas. Una de mis abuelas se llama
Veva y la otra se llamaba Coca.

¡Beba Coca!

¿Lo ven?

¡Nací con el sistema capitalista
metido en el culo y yo no soy de
este mundo!

¿Saben lo último que se me ha
desvelado después de estar varios
años investigando en las distintas
ramas terapéuticas?

Que los padres y las madres no
existen, somos todos hijos.

La enfermedad de
la educación

*Me han clavado a fuego
las aspiraciones.*

Abuela:

¡Bibi!
¡Chica! No me estés dejando las
cosas tiradas que luego tengo que ir
yo detrás recogiéndolas, ¡coño!

Tv (off):

*Todo comienza con la telaraña
bio-electromagnética que se
denomina zona de Hopkins. Allí
se crea la geometría espacial de las
Líneas Leggs, rutas que establecen
la entrada, traslación y salida de
naves extraterrestre de síndrome
alienígena...*

Abuela:

¡¡Bibi!! ¿¿Estás bien?? ¡¡Bibi!!
¡Carajo! ¡Si te llamo me contestas
que escuché un ruido!

(A la perra)

¡Ven aquí bonita! Sube.
¿Te comiste todo el pollito?

(Le araña una media)

.¡¡Mieeerda perra ésta!!
¡Cooooño!

Tv (off):

*...toda la información está en
nuestra sangre porque recibe, de
la cadena genética, la herencia*

*de cada ser para este camino
evolutivo.*
*Adaptada a los desastres, plagas,
guerras y destrucción programada
cada 26.000 años para la
aniquilación de millones de seres
humanos en menos de una hora
solar.*

(Suena el teléfono)

Abuela:
(Con voz de enferma)

¿Sííí? ¿Quién es?

(Voz normal)

¡Ay Julita! ¡Hola!
No te conocía la voz, dime.
¡Oh! ¿Pues cómo voy a estar?
¿Tú te crees que lo que yo tengo
aquí es poco mi niña?
No, ella está trabajando.
Sí, la otra también.
Claro, ella con dejármela aquí
tiene, y los demás que se jodan.
¿Tú me dices a mí que haría esta
niña si yo no estuviera?
Claro, a esta la he criado yo.
Sí, está aquí. Hoy no tiene colegio
por la fiesta esa de la Pascua, o
no sé qué, de las monjas de la
Montañeta. Desde los 3 años está
allí, y hasta que no cumpla 18 la

madre dice que no la saca.

¡Oh! ¿Pues por qué va a ser?

Porque es el único colegio del norte que tiene comedor Julita, y yo tampoco puedo estar todo el día cocinando como tengo las piernas.

¿El padre? Estará metido en aquella bodega. Trabajando será. Sí, los fines de semana viene, y la madre también.

¡¡Pero la que se carga con todo soy yo Julita!! ¿Tú te crees que con lo enferma que yo estoy puedo estar todo el día pendiente de este demonio de chica?

¡No para un segundo quieta!

Que si esto, que si aquello, que si los chicos, que si cómprame una pizza, que si se aburre, que si la tengo encerrada…

¡Yo no puedo!

Y ahora le ha dado por no comer.

¿Quién? ¡¡Aggg!!

La gente es una mierda Julita. Todo el mundo pendiente de lo que haces en tu casa. Yo no mi niña, de la puerta pá dentro no entra nadie.

Ese es un sin vergüenza y el padre es igual, ¿tú te crees que se puede ir todo el día vestido así como un hediondo?

Yo no mi niña. Yo seré lo que tú

queras pero yo me baño hasta 3
veces al día.
¿Y la madre de esta? Es muy fácil
tener hijos así, tú los pares y otros
te los crían.

*(Veamos una, de las tantas escenas,
en la que mis padres intentaban
llevarme con ellos a su casa)*

Abuela:

¡¡Ay aaay!! ¡Me tiro!
¡Te juro que como tú te lleves a la
niña me voto por el balcón pá abajo!
¡Ella está bien a quí conmigo!
Ustedes son muy jóvenes y no
saben. ¡Se les va a morir la chica!
¡Por tu padre que está muerto
Dolores!

(Al teléfono nuevamente)

Abuela:

Pues sí Julita y a rezarle a Dios
mientras tanto
¡Oh! ¿Y qué vas a hacer?
Dale un beso a Cipriano y otro pá
ti. Adiós mi niña, adiós.

(Cuelga violentamente)

¡Coño la madre, llamando a estas
horas!

(A la perra)

¡Ven aquí bonita! Sube.
¿Te comiste todo el pollito?
(Le araña una media)

¡¡Mieeerda perra ésta!!
¡Cooooño!

…

"No se puede ser tan egoísta."

"Te irá mal pensando así."

"Vivir no es fácil"

"Trabaja como todo el mundo"

*"Tu libertad termina donde
empieza la nuestra"*

"Piensa mal y acertarás"

"El mundo da miedo"

"La muerte es mala"

*"Siendo así sólo conseguirás
quedarte sola"*

Me han clavado a fuego
las aspiraciones

Ando por una escalera larga de
caracol que me lleva siempre de
vuelta al primer escalón.

Caigo en la trampa invisible
de crear nuevas formas de
pensamiento inútil.

Me come la inercia.

Vivo en lugares en los que nunca
estoy. Escucho las voces de fuera y
les doy el poder que no tienen para
destruirme.

No me interesa para nada aprender
a vivir porque no creo que se
pueda vivir de esta forma.

Porque huyo de la verdad y no me
dejo follar por la vida.

Deseo arriesgarme a perderlo todo
e iluminarme pero es mentira.
Porque no me dejo quedarme a
solas con el dolor y la muerte.

Porque no me atrevo a matar.

Y no me atrevo a morir.

Porque tengo miedo.

La prisa

–Síntomas:

Sensación vital de urgencia. Tensión en ojos, hombros y cervicales. Pulso y respiración acelerada. Sensación de cabalgar en el tiempo, de estar en dos momentos a la vez y no estar en ninguno. Tendencia a los movimientos rápidos. Sensación leve de angustia e insatisfacción general.

–Causas:

Creencia profunda de que una llega tarde a algún lugar, circunstancia o estado emocional. Desconexión total del momento presente. Devoción a la falsa necesidad de obtención u acumulación de cosas, circunstancias o estados. Elección de la conquista ilusoria de un posible futuro mejor, sacrificando todo vínculo con la divinidad. Creencia de que hay algo, fuera del único momento que existe (el ahora) que debería alcanzar para evitar circunstancias o experiencias que mi mente considera negativas.
La identificación y aceptación de la educación aprendida del Viejo Mundo.

–Consecuencias:

Tu vida, tal cual es.

–Tratamiento:

Parar. Permitirse sentir la vorágine de sensaciones internas que *ese parar* generará en cualquier individuo contemporáneo. Observar. Confiar en el tratamiento. Sentir. Sentir es la puerta.

–Efectos:

Nueva vida. Nueva conciencia. Nuevos amigos. Nuevos trabajos. Nuevos pensamientos. Nuevas relaciones sexuales. Nuevos Dioses. Nuevas comidas. Nuevas noticias. Nuevo mundo.

–Recomendaciones:

En caso de duda consultar con el oráculo (corazón). Evitar la tele durante el proceso. Sustituirla por la masturbación, la música o la contemplación de la naturaleza.

La inercia

*"Resistencia que oponen los
cuerpos a cambiar de estado o la
dirección de su movimiento"*

La creencia es una semilla
cuya raíz se encuentra injertada en
los ojos del que cree.

La realidad,
el fruto de esa creencia.

Digamos entonces,
que la inercia es la propiedad del
cuerpo para ejecutar y mantener
el tránsito óptimo entre raíz y
visión.

Luchar contra la inercia
es mirar directamente
a los ojos de la semilla.

No me ve

Escucho al que habla y no dice
nada.

15 minutos hablando sin parar,
pero no dice nada.

No hay voz en sus palabras.

Es defensa en vibración de un
posible cambio.

Observo al que habla. No me ve.

Descubro su inercia, hermética.

No hay rendija
por la que yo pueda entrar sin crear
una bomba en su discurso.

Sonrío en silencio.

Trato de escuchar su dolor y su
miedo mientras su boca disimula
hablando de otros,
de la sazón del puchero
o del cambio climático.

No me ve. Y no parece importarle.

Es imposible cambiar de dimensión
sin que acontezca la violencia
camuflada en opiniones.

Es imposible el encuentro. Suelta.

Súcubos energéticos criticando
a la dimensión súcuba.

La cola mordida del pescado
servida en bandeja.

Y yo mientras me aburro
profundamente.

Hay gente capaz de cualquier cosa
con tal de no ver.

No interfieras. No trates de
despertarlo. Me dije.

No es tu camino.

No entres

Sólo intenta crear una realidad
donde no sentir(se).

Te utiliza sin saberlo
para que le llenes el vacío.

No accedas. No puedes llenarlo.

Cree no poder sostener aquello
que le pide atención a gritos.

Es mentira. No le creas.

No alimentes su estrategia
por evitarle el dolor.

Así no le ayudas. Suelta.

No es tu camino evitar el suyo.

Sé honesta.

Dile que no.

Vuela

No te pudras a mi lado.

Vuela y regresa a visitarme.

Vuela hasta que aprendas a no
pudrirte en nadie.

Vuela, que yo inventaré la no
distancia contigo, porque somos
una.

Vuela y cuéntame que ves desde
ahí arriba.

Vuela y deja que vuele en
cualquier dirección.

No me sigas si no es tu cielo,

y no me pidas que te siga.

Anímame a volar si ves que me
traga el miedo, y desaparece si
ves que trato de agarrarte con mis
dientes.

No me des importancia cuando me
habiten los demonios,
se alimentan de atención.

Vuela si me ves en el fango,
y no me des la mano o
te hundiré conmigo.

No me pidas que te salve,
porque te sonreiré.

Vuela y deja que vea en tu vuelo mi
libertad.

Déjame volar por cielos que no
corresponden a este mundo.

Y confía.

Confía aunque el mundo nos
arrastre de los pelos por locas.

Te elegí porque vi en ti un cielo
azul abierto donde sanar mis alas.

No me conviertas en la piedra que
te ata.

Deja que se cumpla el sueño,
deja que me convierta en un cielo
para ti.

Y vuela.

Tocan la puerta. Tengo 8 años.
(Esta es una escena de mierda)

Bibi:
¡Abuela! ¡Abuela!

Abuela:
¡Coño chica! ¿Qué quieres?
¡Me asustaste!

Bibi:
Están tocando.

Abuela:
¡Esa es tu madre!

Bibi:
¿¿Mi madre?? ¿Y eso? ¿A esta hora?

Abuela:
No sé, igual fue Amaro que la
llamó por lo de la caca.

Bibi:
What??

Amaro es el Presidente de la Comunidad. Al parecer alguien ha manchado de caca la pared del edificio y se ha abierto una pequeña investigación.

¡Mi madre me mata!

Les cuento: Rosmary (la hija de la vecina) y yo tenemos un juego secreto: a ver quien se aguanta las ganas de hacer caca más tiempo.

Yo me la aguanto así:
(Se agacha) ¡Con el talón paro el mojón!

Y ella se lo aguanta así:
Se estira, toda digna, cruza las piernas y hace presión con las nalgas.

Pues bien, cuando llegamos del colegio bajamos con los chicos al patio a jugar al futbol y me dio un no sé qué en el estómago.

Mi abuela vivía en un 3º piso sin ascensor, y me daba, por lo general, mucha pereza subir hasta allí arriba sólo para ir al baño.

Así es que quise probar si aguantándome la caca a la manera de Rosmary yo podría durar tanto tiempo como ella. Pero no.

Digamos entonces que me cagué un fisquito y me limpié en la pared.

¡Pero esa no fue la cagada!
La cosa es que me dio culpa. Me acojoné de que alguien lo viera y me echara la bronca. Porque siempre que pasaba algo en aquel edificio me echaban la culpa a mí. Y dejemos clara una cosa, ¡no siempre era yo!

Así es que después de merendar hice lo del truco del pedo. Ese en el que te lo echas y eres la 1ª en decir:

"foh qué asco, ¿quien se cagó?"

…y así tú ya no eres sospechosa.
Pero no me funcionó.

Les recreo la escena:

*(Todas la madres en las puertas
dando el bocadillo a sus hijos)*

Bibi:
¡¡Fooooh!! Eso es caca.

Madres:
¿Cómo va a ser eso caca
muchacha?

Bibi:
¡Es caca! ¿No ven que es caca?

Madres:
¡Que no! A nadie se le ocurriría
cagar la pared…

Bibi:
mm… ¡Huele a caca!

Madres:
¡Que no es caca!

Bibi:
¡Que siiiiii!

Madres:
¡¡Que no!!

Bibi:
¡¡Que siiiiii coño!!

*(Madres huelen y se abre una
pequeña investigación)*

(Al día siguiente)

Dolores:
¡Bibi ven!

Bibi:
¡Mi madre!

Dolores:
¡Bibi!

Bibi:
¡Queeeeé!

Dolores:
Ven aquí un momentito. Quiero
hablar contigo.
Ven que no te voy a hacer nada.
¡Baja el brazo!
Tú abuela me contó una historia de
una caca, ¿tú sabes algo de eso?

Bibi:
¿De una caca? ¿Qué caca?

Abuela:
Bien te gusta Dolores
¡Bien te gusta!

Dolores:
¡Mamá ahora te callas!
Bibiana ven aquí y mírame a los ojos.
Tú sabes que yo puedo perdonarlo
todo menos que me mientas, ¿verdad?
Dime cariño, ¿fuiste tú quien cagó la
pared?

(Silencio largo)

Bibi:
¡Pues claro que no má!
¿Cómo voy a cagar yo la pared?

Dolores:
¿Ves mamá?
Ya está. Si ella dice que no es que no.
La niña será lo que tú quieras pero
mentirosa no es .

Esa misma noche vino el presidente a casa de mi abuela. Estábamos todas viendo *Tiburón* en Televisión Española. Eran las 23:45.

¡Me habían descubierto!

La vecina le contó que yo había estado todo el día muy nerviosa y Rosmary le confirmó que en el colegio también.

¡Es cierto, estuve todo el día emparanoiada!

Nunca olvidaré los ojos de mi madre al cerrar aquella puerta.

¡Boom!

¡Bam!

¡Pimba!

Informe psicológico
Bibiana González García.

El **Monje** se lo pusieron años más tarde para no perder el apellido paterno.
Entre ustedes y yo, el último Monje fue una mujer (tatarabuela).

"Bye bye last name"

Declaraciones de la paciente:

"Nunca me llegaron a maltratar del todo, físicamente me refiero"

A su madre y a su tía sí. La niña me contó que cuando su madre era pequeña y se le iban los nervios a su abuela, hacía que su abuelo la pusiera de rodillas en una tabla y le diera en las manos con una regla hasta sangrar. Al parecer con la única intención de que su abuela se tranquilizara.

Violencia de género invertido en los 50. Y atrévete a decir algo siendo un macho.

Declaraciones familiares:

> *"Tu abuelo era tan bueno"*
> *"Probrecito, lo que tuvo que*
> *aguantar con tu abuela"*
> *"¿Por qué se habrá tenido que*
> *morir él primero?"*

Cáncer de estómago.
Después de haber estado casi 30 años casado con su abuela por el poder (la boda al mismo tiempo pero separados: uno en Canarias y otro en Venezuela), estando por fin todos juntos en las islas la niña dijo:

> *"el hombre no lo pudo digerir"*

No les voy a negar que por comentarios como este la niña se llevó algún que otro cachetazo.
Pero los más grandes que le dieron fueron cuando estaba con alguna de ellas en la calle y les oía decir alguna mentira:

> *"¡Ay mamá eso es mentira!"*

Y le hacían:

> *¡pimba!*

(Escena cotidiana y atemporal)

Dolores:
¡Pórtate bien, Bibi!

Bibi:
¿Pero qué es portarme bien, mami?

Dolores:
Hacerle caso a tu abuela

Bibi:
Pero es que abuela no me deja
hacer nada.

Dolores:
Por favor, que no tenga que
llamarme al trabajo porque no
puede controlarte.

Bibi:
¡Jó má! Abuela es muy histérica,
no me deja ni salir para la terraza
porque le da miedo que me pase
algo.

Dolores:
Ya lo sé mi amor, ya lo sé.
Pero hazlo por mí.

¡Y es que me era imposible!
Las ganas de vivir se me escapaban por la ventana. Hiperactividad lo llamaban. Si hasta me dieron un tratamiento de choque contra el autismo y al final resultó que no era autista.

¡Pues claro que no, coño!
¡Que cada una se entretiene a su manera, joder!

En mi casa se han empeñado siempre en pedirme lo que yo no podía darles. Es la trampa del que juega a la decepción familiar.

Yo tardé un huevo en descubrirlo.

Aquella casa era de locos. Yo casi nunca entendía nada (de casi nada).

Mi sensación era que yo siempre lo hacía todo mal y ellas me perdonaban todo el rato. Y todo lo hacían por mí. Pero yo, supuestamente, no tenía que darles nada, ni hacer nada por ellas. Y de buenas a primeras me lo echaban todo en cara.

…Hello??

Así es que a los veinte y poco me definí a mí misma como:

"paralítica emocional"

Por ejemplo, a mí me gustaba alguien y, por evitar que me dijera que sí a la primera, me montaba una yincana de estrategias digna de las para-olimpiadas. Claro, como en mi casa no existían las líneas rectas si no había laberintos no me encontraba.

Yo me sentaba en mi sillita de ruedas y ponía un cartelito:

"no molestar, soy autosuficiente"

Que en realidad quería decir:

"si te acercas me cago las bragas"

Pero me hacía parecer interesante.

Hay mucha gente queriendo jugar a la gallinita ciega por ahí.

Yo acabé agotada.

¿Saben qué pasa?

A mí me hicieron creer que yo era especial. Quizás porque fui la primera nieta de ambas familias. No lo sé. Pero el caso es que yo no soy especial. O al menos no más que tú.

Descubrir esto fue para mí una decepción absoluta.

En aquella casa era el terror al profundo amor que sentían lo que las ahogaba.

TERROR al profundo AMOR

La educación reptiliana

Queridos alumnos/as:

Hoy en clase no vamos a aprender una mierda. Vuestros papis están trabajando y están hasta los cojones de vosotros, y nosotros estamos contratados para bloquear vuestra creatividad y talentos más innatos.

Nuestra misión es convertiros en autómatas del consumo y la producción en serie. Incrustaros la técnica del premio y castigo e incentivar entre vosotros la más feroz de las competencias.

Arrancaros el sentido lúdico de la vida y prepararos para un futuro oscuro que hemos creado entre todos nosotros con la mayor deficiencia mental.

Colabora el Gobierno Central Americano y las familias reptiloides.

"Si un tren, con 258Kg de carga, va por una autopista a una velocidad de 95Km/h y tarda en llegar a Albacete 6 horas desde Alicante:

*¿Cuánto tiempo tardará en llegar a
Lugo desde Jaén si le quitamos 38 kg
de carga y reducimos su velocidad a
un 15%?"*

Empezaremos por enseñaros lo
más importante al llegar a este
planeta Tierra. Lo más valioso e
imprescindible para vivir en él y
convivir con el resto de los seres
vivos:

Las rutas del comercio de la seda en
la Edad Media. Los mapas políticos
de los ríos y cordilleras de España.
El misterio irresoluto de las raíces
cuadradas. El latín. La reproducción
humana explicada por una monja
experta. Y el inglés con acento
de provincia, para conseguir el
auténtico shock del inmigrante
cuando lleguéis a un país extranjero:

*"Hello! Between, between. If, if,
I'm your English teacher"*

Observaciones:

*"su falta de atención dificulta el
trabajo de otros"*

¡Estoy harta de escribir lo mismo en sus notas cada trimestre!

El problema de su hija, señora Dolores, es que es muy simpática y se gana a los profesores. Es muy difícil seguir la clase con ella.

Desde la dirección de este colegio le pedimos que hable seriamente con su hija.

La virgen

Dios mío, puedo hablar. Sí, os contaré lo que me piden. Tengo lagunas. Han pasado casi 20 años. Besitos. Besitos por aquí detrás. La sensación es ambigua. Veo a aquella niña. Bueno, ya no es tan niña. Me habla con ternura. Me pide cosas. De pronto aparece aquella cosa blandita, como el portal de Belén pero más húmedo.

Una vez me forró con una especie de velo transparente hasta los pies. Tenía un olor extraño. De repente un túnel oscuro. No podía respirar. No duró mucho pero me empezó a doler la cabeza. Luz, oscuridad. Luz, oscuridad. Luz, oscuridad.

Agua. Me lava.

Mi niña, cómo me miraba. Pero lo que más recuerdo de ella es cómo apartaba de mí los ojos.

¡2.000 pibas vestidas de uniforme,
metidas entre muros de hormigón,
cantándole a los ángeles, a los Santos
y a su puta madre!
Y luego el mundo te pide que seas
original:
            ¡marketing 2.0!

Me prohibieron tocarme. Me
prohibieron decir lo que pensaba.
Me injertaron la culpa. Me
prohibieron a los hombres.

¿Qué coño pasó con los hombres?
Nunca nadie me habló bien de los
hombres:

*"Ten cuidado, que los hombres sólo
quieren una cosa, no te fíes de ellos"*

No recuerdo un solo comentario
bonito a cerca de los hombres.
Incluso los propios hombres me
decían:

*"Ten cuidado, hazme caso que
yo soy un hombre y sé como
pensamos. ¡Desconfía!"*

Entonces me dije:

"Vamos a ver, si el único
hombre de mi casa (mi padre) es
maravilloso porque nunca está, por
consiguiente, todos los hombres
son unos mierdas menos mi padre.
¿Y Jesucristo?" – pensé.
Coño, a Jesuscristo se lo cargaron
clavándolo vivo en una cruz, ¡tan
bueno no sería!"

Así es que definitivamente me dije:

" Está bien. Me iré con las
mujeres."

Y así empezó todo.

Una vez con 14 años en las escaleras del polideportivo de mi colegio, y justo después de una intensísima pelea sobre el Antiguo Testamento, mi mejor amiga me dijo:

"Bibi, yo te quiero mucho"

Claro, me trabé toda pá la hostia. Nunca nadie me había hablado así y como en mi casa no existían las líneas rectas me quedé profundamente enamorada de aquella sencillez.

Y claro, me la tuve que follar.
A ella, y a todas las que vinieron detrás.

Pero de vez en cuando iba en busca de algún que otro ser inferior (de los hombres digo), pero siempre desde la impertérrita inaccesibilidad emocionalidad.

Me hablaron mal de los hombres, y me hablaron mal de las putas.

Y yo que desde los 7 años era media puta con los hombres, y según los hombres éramos todas unas putas...

¡Lo tenía jodido!

La enfermedad de la desconfianza

Darle la vuelta a la tortilla y descubrir que no hay huevos.

¿Se imaginan poder amar a la gente pase lo que pase? ¿Amar a los demás sean como sean, piensen como piensen y hagan lo que hagan?

¡Ni de coña!

Yo tengo mi propia lista de condiciones por la que tendrás que pasar si quieres acceder a formar parte de mi amor exclusivo.

Otra lista de lo que espero que haga la gente que ya amo.

Y otra, aún más larga, de las cosas que no le voy a permitir ni a unos ni a otros. Y si no a tomar por culo.

¿Amar pase lo que pase? ¿Estamos locos?

Eso sería como decir:
"¿Estarías dispuesta a ser feliz pase lo que pase?"

Y yo digo:
"No. Pase lo que pase no."

¿Qué es amar?
¿Es abrirse?
¿Es dejarse tocar y tocar sin psique?
Todo coño y ya.

¿Compro-miso?
Vendo-misa.

¡Es darle la vuelta a la tortilla y
descubrir que no hay huevos!

No hay huevos de amar.

Loca es creerse sola.
Sentrise sola, percepción.
Percepción es creación.

No ames,
porque si amas desapareces.

"Bájate de ahí que te vas a caer"

*"No salgas pá fuera que te pones
mala"*

"No te comas eso que te ahogas"

*"No estés descalza que te
enfermas"*

"No hables con extraños"

*"No vayas pá lo oscuro que se te
aparece el diablo"*

"No hagas enfadar al Señor"

"Ni se te ocurra ir sola"

"Hazme caso: desconfía"

¿Existe realmente algo de lo
que tenga que defenderme?

A veces me visitan los demonios

Suelen entrar sin llamar y les encanta irrumpir en los momentos más inoportunos.

Busco sacar la cabeza entre pilas de muertos.

El bloqueo es mi canoa.

A veces me visitan los demonios y no les reconozco.

Juegan conmigo horas y horas haciéndome creer cosas terribles mientras se divierten arrastrándome hacia el lago de la culpa.

¡Demonios!

Ese lago enorme lleno de árboles erróneos, dolores y látigos que flotan en el agua como la mierda.

Cuánta gente hay siempre allí.

Tienen hambre, y su plato favorito es la atención.

Si luchas,
ganan.

Exacto

¿Y si nadie viniera a salvarte?

¿Si nada fuese a ocurrir?

Si nunca te fuera a pasar eso que
esperas que pase.

Si no te llaman.
Si no te lo dicen.

¿Y si no te lo da nunca?
O si no cambia jamás.

¿Y si no llega?
Si no te sanas.

¿Y si llega y no es como imaginas?

¿Qué harías entonces?

...

No me negarán que la mente es curiosa.

Porque podemos estar de acuerdo, o no, en muchas cosas pero hay 3 que todos sí que sabemos de la vida:

La primera es que **todo es posible**.

La segunda es que **nos vamos a morir** (de buen rollito, pero todos sabremos que antes o después nos vamos a morir)

Y la tercera es que **ahora estamos vivos**.

¿Y no les parece increíble que las únicas 3 cosas que sí que sabemos de la vida se nos olvide todo el puto rato?

¿Por qué Señor?

Bibi:
Hola, ¿Está Dios?

Teleoperadora celeste (off):
他已经联系过你与上帝的答录

Bibi:
¿Hola?

Teleoperadora celeste (off):
他已经联系过你与上帝的答录

Bibi:
Dios soy yo…

San Pedro:
Hola, mi nombre es San Pedro
está usted en comunicación con la
oficina celeste del departamento…

Bibi:
¿San Pedro? ¡Capáh!
¿El Apóstol? Oye, ¿Dios no está?

San Pedro:
Sí y no.
Está, por supuesto, pero debido a
la condensación de la dimensión
en la que existes ahora él no puede
manifestarse en un solo individuo.

Bibi:
¿Puede ponerse o no?

San Pedro:
Sí, a través de mí.
Hagamos una cosa, deja tu recado
en el contestador automático y él
te contestará lo antes posible.

(Suena pitido del contestador)

Bibi:
…Hello??

(Llora)

¡Dios! ¿Por qué siempre te tengo
que llamar yo? ¡No es fácil vivir
aquí!
¿Por qué no me avisaste cuando
construí el muro si la batalla se libra
dentro?
Ya me podrías haber puesto un
par de tetas más duras y menos
separadas. No mola el estilo
africano, ¡no se lleva joder!
¿Y qué hago con esta barriga si ya
ha cogido la forma?
A veces me siento incapaz.
Cuando alguien me ataca o intenta
manipularme, ¡se las devuelvo de
puta madre!

Ahora no me digas,
¡tú me diste esa capacidad
y no pienso desperdiciarla!
No le voy a abrir la puerta a todo el
mundo, ¿no?
Porque no. Porque me da miedo.
Eres igual que abuela que se hacía
la muerta para burlarse de mí
¡Joder!
Quiero sentir que los milagros
existen, que tengo súper poderes
y que la vida es maravillosa.
¡Únicamente maravillosa!
Se me olvidan todo el rato las cosas
que me dices…
¡Sí, ya lo sé! Todo es luz y la
oscuridad no existe. Pero a veces
siento que…

*(Suena el pitido final del
contestador)*

…Hello?!

No estoy sola.
Me acompañan todos los maestros,
todos los vivos,
todos los muertos.
Me acompaña la memoria
y los sueños.
No estoy sola,
estoy conmigo.
Estamos todos sostenidos,
en silencio.

" You are not alone.
I am here with you
even when you're scared
I'll never leave you
Standing in a storm.

Making it insane
once again, I would try
to enchain you
but you open your eyes to the sky
and whisper

That you are so lonely.
You are so alone ..."

(Canción orginal "Lonely" de Yael Naim)

La cura

La maga no cree, crea.

*Vivimos en un mundo virtual donde
lo que se ve no existe
y lo verdaderamente cierto no se ve.*

*Por lo tanto,
enfermedad y remedio
son parte de un mundo inventado
que sólo existe
si yo **lo creo**.*

Gracias a mis fantasmas.
A las dudas, el vacío y la rabia.
Por converirse en la llave y puerta
del mundo en que me sueño.
A mis padres.

A Iván Rohe, David Testal y
Elena Alonso por inspirarme
siempre.

Consciente de que cada una se inventa su sueño, en el mío, la expresión artística me ha escogido a mí, y no al revés, para reflejar los mundos que me habitan, convirtiéndome así en mi propio espejo.

Siento pasión por el aparente caos psicológico, el amor al impulso, la luz, lo profundo, la risa como arma de construcción masiva, lo humano, el poder de la fé, el disparate y la desmitificación de los cuentos que me han contado.

En definitiva, canto porque **me siento**.

Actúo porque **me expando**.

Escribo porque me **des-codifico**.

Dirijo porque tengo en la sagre la **fuerza y mala ostia** de mis ancestros.

Pinto porque me sale bien.

Creo porque no existe otra manera de vivir y **opino** porque me da la gana.

Bibiana Monje (1983)
Actriz, cantante, autora y directora canaria.
www. bibianamonje.com